Petit monde vivant

LES REPTILES

Bobbie Kalman

Les reptiles est la traduction de *What is a reptile ?* de Bobbie Kalman.
© 1999, Crabtree Publishing Company, 612 Welland Ave., St. Catherines, Ontario, Canada L2M 5V6

Traduction : Guillaume Forget

Données de catalogage avant publication (Canada)

Kalman, Bobbie, 1947-

   Les reptiles

   (Petit monde vivant)
   Traduction de: What is a reptile?
   Pour enfants de 6 à 10 ans.

   ISBN 2-920660-76-4

   1. Reptiles - Ouvrages pour la jeunesse. I. Titre. II. Collection: Kalman,
Bobbie, 1947-   . Petit monde vivant.

QL644.2.K2514 2001   j597.9   C2001-941139-1

Nous reconnaissons l'aide financière du gouvernement
du Canada par l'entremise du Programme d'Aide au
Développement de l'Industrie de l'Édition (PADIÉ)
pour nos activités d'édition.

Le Conseil des Arts | The Canada Council
du Canada | for the Arts

Éditions Banjo remercient
le Conseil des Arts du Canada du soutien
accordé à leur programme d'édition dans
le cadre du programme des subventions
globales aux éditeurs.

Cet ouvrage a été publié
avec le soutien de la SODEC.

Gouvernement du Québec – Programme de crédit
d'impôt pour l'édition de livres – Gestion SODEC.

Dépôt légal – 3ᵉ trimestre 2001
Bibliothèque nationale du Québec
Bibliothèque nationale du Canada
ISBN 2-920660-**76**-4

Les reptiles
© Éditions Banjo, 2001
233, av. Dunbar, bureau 300
Mont-Royal (Québec)
Canada H3P 2H4
Téléphone: (514) 738-9818 / 1-888-738-9818
Télécopieur: (514) 738-5838 / 1-888-273-5247
Site Internet: www.editionsbanjo.ca

Imprimé au Canada

Table des matières

Qu'est-ce qu'un reptile ?

Les reptiles sont des animaux **vertébrés**. Ils ont une épine dorsale, ou colonne vertébrale. Ce sont des animaux que l'on dit à **sang froid**, bien que leur sang ne soit pas froid. « Sang froid » signifie que la température de leur corps change avec celle de leur **environnement**. Tous les reptiles naissent dans des œufs. Leur corps est couvert d'**écailles** protectrices ou de **plaques** de corne. Certains ont les pattes très courtes et d'autres, pas de pattes du tout. Comme toi, les reptiles ont des poumons pour respirer.

Groupes de reptiles

Les scientifiques classent les reptiles en quatre groupes principaux :

1. lézards et serpents
2. chéloniens
3. crocodiliens
4. tuataras

crocodile

gavial

Le crocodile, le gavial et l'alligator appartiennent au groupe des crocodiliens. Il y a 25 espèces différentes d'alligators et de crocodiles.

alligator

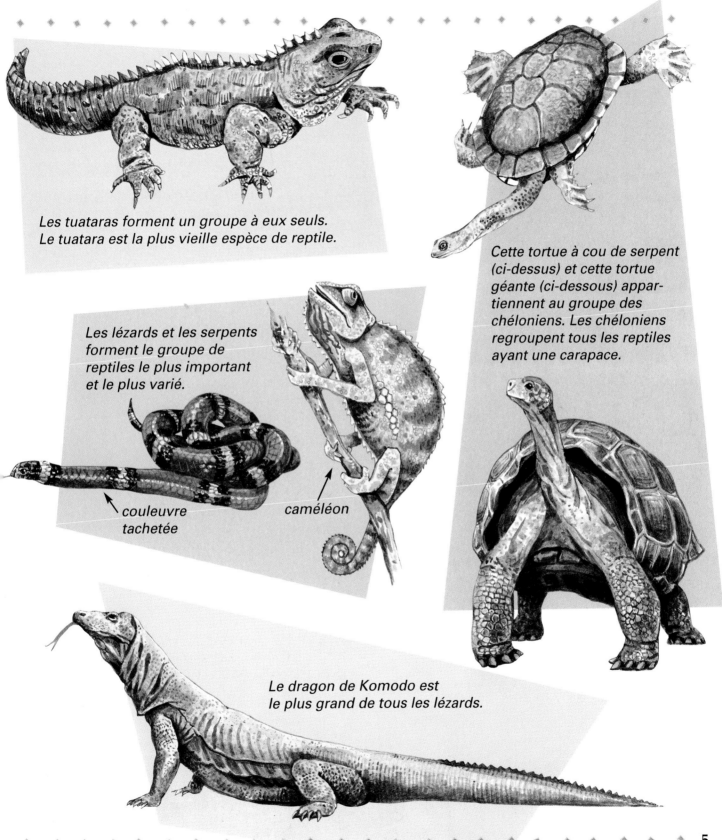

Les tuataras forment un groupe à eux seuls.
Le tuatara est la plus vieille espèce de reptile.

Cette tortue à cou de serpent (ci-dessus) et cette tortue géante (ci-dessous) appartiennent au groupe des chéloniens. Les chéloniens regroupent tous les reptiles ayant une carapace.

Les lézards et les serpents forment le groupe de reptiles le plus important et le plus varié.

couleuvre tachetée

caméléon

Le dragon de Komodo est le plus grand de tous les lézards.

Le corps des reptiles

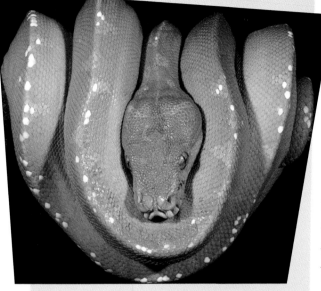

Des reptiles très différents partagent des caractéristiques similaires. Ainsi, ils ont tous des organes internes comme l'estomac, le cœur ou les poumons. Et la peau de tous les reptiles est recouverte d'écailles.

La plupart des reptiles ont de nouvelles dents durant toute leur vie. Lorsque leurs dents sont vieilles ou abîmées, elles tombent et sont remplacées par des neuves. Les tortues n'ont pas de dents mais un bec dur qui leur permet de déchiqueter la nourriture.

Ce python vert arboricole se repose en enroulant son corps autour d'une branche.

Ils n'arrêtent pas de grandir

Tous les serpents et certains reptiles comme les crocodiles et les tortues géantes continuent de grandir même à l'âge adulte. Plus un reptile est vieux, plus il est grand. Certaines tortues peuvent vivre plus de 100 ans ! La tortue géante sur cette photo est très grosse mais aussi très gentille. Selon toi, quel âge a-t-elle ?

Une peau écailleuse

La peau d'un reptile est constituée de centaines d'écailles. Les écailles sont faites de kératine, une substance qui entre aussi dans la composition de tes ongles et de tes cheveux. Selon la taille du reptile et son espèce, ces écailles sont plus ou moins grandes. Certaines écailles deviennent plus grosses et plus dures à mesure que l'animal se développe.

Les écailles servent à protéger le corps du reptile. Elles lui permettent de vivre dans un climat sec sans se déshydrater, c'est-à-dire sans perdre l'eau contenue dans son corps. Les êtres vivants ont besoin d'eau pour rester en vie.

Des vêtements neufs...

Les écailles des serpents et des lézards se renouvellent sans cesse. Lorsqu'ils grandissent, leurs écailles muent, ou pèlent. Une nouvelle peau et de nouvelles écailles remplacent les anciennes. Les lézards muent en perdant de larges plaques de peau pendant quelques jours. Les serpents, eux, perdent leur peau d'un coup et se glissent hors de celle-ci. L'ancienne peau est sèche alors que la nouvelle est douce et brillante.

Un équilibre fragile

Tous les reptiles sont à sang froid. La température de leur corps dépend de celle de leur environnement. Les reptiles ont besoin de la chaleur du soleil pour réchauffer leur corps. Ils se chauffent au soleil durant la journée. Lorsque la température est trop élevée, ils se rafraîchissent à l'ombre. La plupart des reptiles vivent dans des zones chaudes. Ils ne pourraient pas survivre en haute montagne ou dans l'Arctique à cause de l'air glacial.

Hibernation

Les tortues et les terrapins qui vivent dans des climats **tempérés hibernent** pendant la froide période d'hiver. Durant son hibernation, l'animal se cache et se repose presque sans bouger ni manger. Il vit grâce à la graisse stockée dans son corps. Quand le temps se réchauffe, il sort de son hibernation.

Les petites tortues terrestres hibernent en s'enterrant profondément dans la boue pour que le gel de l'hiver ne puisse pas les atteindre. Certains terrapins hibernent dans le lit vaseux des lacs ou des rivières. D'autres reptiles se cachent pendant la chaleur des mois d'été. L'hibernation d'été est appelée estivation. Les reptiles des déserts chauds **estivent**.

Ce crocodile est trop gros pour se rafraîchir sous un rocher. À la place, il ouvre sa gueule pour laisser l'humidité de son corps s'évaporer. Il se repose aussi à l'ombre, à l'abri des chauds rayons du soleil.

Ni trop chaud, ni trop froid

La température corporelle d'un reptile doit rester chaude pour que ses organes puissent fonctionner correctement. Lorsque sa température tombe en dessous de 30-35 °C, sa respiration et les battements de son cœur ralentissent, son système digestif ne fonctionne pas bien.

Si un reptile mange beaucoup alors que le temps est froid, la température de son corps peut baisser et l'empêcher de digérer normalement. Un reptile qui ne digère pas sa nourriture risque de mourir.

La tortue léopard (ci-dessus) et ce serpent à groin de l'ouest peuvent survivre à des températures très élevées, car ils ont des abris souterrains dans lesquels ils se rafraîchissent.

Les sens

Le reptile compte beaucoup sur ses sens pour trouver de la nourriture et localiser les objets. Les sens les plus utilisés par un reptile dépendent de son corps et de son habitat, l'endroit où il vit. Certains reptiles ont une très bonne vue alors que d'autres ressentent la chaleur ou les vibrations autour d'eux.

L'organe de Jacobson

Beaucoup de reptiles possèdent, dans le palais de leur gueule, un organe appelé organe de Jacobson. Il sert à sentir et à goûter. Les serpents et les lézards l'utilisent pour trouver à manger. C'est pour cela qu'ils sortent et rentrent rapidement leur langue dans leur gueule. Lorsqu'ils sortent la langue, ils attrapent les particules d'odeurs dans l'air. En touchant leur organe de Jacobson avec leur langue, ils peuvent savoir s'ils sont proches d'une source de nourriture. Ils sentent aussi la présence de **proies** ou d'ennemis.

Ce lézard à langue bleue utilise sa langue pour goûter et sentir l'air.

Paupières de reptiles

Les serpents et certains lézards n'ont pas de paupières comme les nôtres. Ils ont plutôt des paupières transparentes qui couvrent et protègent leurs yeux en permanence. Les crocodiliens possèdent une paupière transparente supplémentaire qui leur permet de voir lorsqu'ils sont sous l'eau.

La paupière de ce gecko est si transparente qu'elle est presque invisible. Tout son œil est recouvert afin que la poussière n'y pénètre pas.

Ça sonne bien

La majorité des reptiles ont un orifice auditif par où entrent les sons qui traversent leur crâne jusqu'à leur oreille interne. Bien que les serpents n'aient pas d'oreilles, ils peuvent détecter les sons. Ceux-ci voyagent à travers leur squelette jusqu'à leur oreille interne. Certains serpents ne se préoccupent pas des sons qu'ils entendent; ils sont tellement sensibles aux variations de température qu'ils peuvent sentir la chaleur provenant d'un animal à **sang chaud**.

Le lézard ci-dessus a un orifice auditif à travers lequel les sons voyagent jusqu'à son oreille interne. Les serpents comme cette vipère à tête cuivrée, à gauche, n'ont pas cet orifice. Ils ont, entre les yeux et les narines, des organes spéciaux appelés « fosses ». Ces fosses peuvent détecter une élévation ou une baisse de la température. Lorsqu'un animal à sang chaud passe à proximité, une vipère à fosses le repère, même dans le noir !

Chasser et manger

Les serpents peuvent manger des animaux beaucoup plus gros qu'eux. Un serpent peut prendre plusieurs heures à avaler un gros animal et plusieurs semaines à le digérer. Après un tel repas, ce serpent n'aura pas besoin de manger pendant toute une année !

Pour survivre, les reptiles ont besoin de manger. La majorité d'entre eux sont carnivores. Les carnivores sont des animaux qui mangent de la viande. Certains reptiles mangent même d'autres reptiles ! La plupart des chéloniens ainsi que certains lézards sont omnivores. Ils mangent à la fois des végétaux et de la viande.

Trouver à manger

Les reptiles ont plusieurs façons d'attraper et de manger leur nourriture. Certains reptiles carnivores sont des chasseurs. Ils utilisent leurs sens pour traquer leurs proies. D'autres, comme les crocodiles et les alligators, laissent venir leurs proies jusqu'à eux. Cachés et silencieux, ils attendent qu'un animal passe à proximité pour refermer sur lui leurs puissantes mâchoires. Chaque reptile de cette page a sa propre façon d'attraper sa nourriture.

La tortue alligator, ci-dessus, attire ses proies dans sa gueule en utilisant sa langue qui ressemble à un petit ver ! Quand un poisson trop curieux s'approche, la tortue referme sa gueule et le capture.

Le serpent roi de Californie, ci-dessous, tue cet animal en l'étouffant. Il enroule son corps autour de sa proie et serre de plus en plus. L'animal meurt car il ne peut plus respirer.

Le dragon de Komodo, ci-dessus, chasse et tue des animaux vivants. Il mange aussi des œufs qu'il vole dans les nids d'autres animaux. Le dragon de Komodo mange également des animaux morts, ce qui lui donne une très mauvaise haleine !

Abris de reptiles

On trouve des reptiles partout dans le monde, excepté dans les endroits très froids. La plupart vivent donc dans les zones **tropicales** plutôt que dans les régions aux hivers froids. Les reptiles peuvent vivre sur terre, dans l'eau, dans les arbres ou sous terre.

Tous ensemble

Beaucoup de reptiles vivent en communauté ou en groupe. Certaines espèces vivent même avec d'autres espèces de reptiles. Certains, comme les tuataras, cohabitent avec d'autres animaux.

Gros plan sur les pieds

Le corps du reptile est adapté à son environnement. Si tu regardes ses pieds, par exemple, tu peux savoir où il vit. Les reptiles qui vivent dans l'eau ont les pattes palmées pour faciliter la nage. Les lézards qui grimpent aux arbres ont de longs orteils pour s'agripper à l'écorce et aux branches. Les lézards qui construisent des **terriers** ont des griffes aiguisées pour creuser. Les reptiles qui vivent dans le désert ont de grandes écailles collées sous les orteils pour leur permettre de marcher sur le sable.

Les reptiles arboricoles

Les reptiles qui habitent dans les arbres ont différentes façons de se déplacer. Le serpent volant vit dans de très hauts arbres. Pour passer d'une branche à une autre, il saute, aplatit son corps et plane dans les airs. Les lézards arboricoles ont souvent une longue queue qui leur permet de garder l'équilibre et de s'accrocher aux branches.

Ce capybara poilu, ci-dessus, partage son territoire avec un groupe de caïmans à l'air féroce. Heureusement, les caïmans ne mangent que du poisson.

Bébés reptiles

Un mâle et une femelle reptile **s'accouplent** pour produire d'autres reptiles. La plupart des espèces de reptiles pondent des œufs desquels vont éclore les bébés. Certains reptiles, comme le boa constrictor, gardent les œufs dans leur corps jusqu'à ce que les petits en sortent, déjà formés.

Les œufs de reptiles

Certaines femelles reptiles placent leurs œufs sur le sol, dans un nid fait de plantes ou de boue. Certains œufs ont une coquille dure comme celle des œufs de poules. D'autres ont des coquilles molles ou souples. Les bébés reptiles cassent leur coquille grâce à leur **dent d'éclosion**. Celle-ci se dessèche et tombe peu de temps après la naissance. Beaucoup d'œufs de reptiles sont mangés par les **prédateurs** avant d'éclore. Les mammifères, les autres reptiles et les oiseaux de proie sont friands de ces œufs.

Ces rejetons agamid peuvent se défendre et trouver à manger tout seuls.

Les rejetons

On appelle rejetons les jeunes reptiles qui viennent d'éclore. Ils ressemblent à des reptiles adultes miniatures. La plupart des rejetons sont autonomes, leur mère n'a pas besoin de s'occuper d'eux. Même après leur naissance, les rejetons courent le risque d'être mangés par des prédateurs.

Quelle sorte de reptile se développe à l'intérieur de ces œufs ? Regarde la photo de la page opposée pour avoir un indice !

Une bonne mère

Parmi tous les reptiles, les crocodiliens sont ceux qui s'occupent le plus longtemps de leurs petits. La femelle crocodile protège son nid des prédateurs. Lorsque ses bébés sont nés, elle les transporte à l'eau dans sa gueule. Pendant plusieurs mois, les rejetons restent sous la protection de leur mère.

Autodéfense

Les reptiles ont plusieurs façons de se protéger contre leurs ennemis. Le dragon de Komodo utilise sa force brutale pour blesser ses attaquants. D'autres reptiles ont des techniques différentes pour se défendre.

Reptiles venimeux

Certains serpents et lézards utilisent du venin, un poison pour se protéger. Les serpents et les lézards venimeux ont dans leur gueule deux dents supplémentaires appelées crocs. Les crocs se replient contre le palais du reptile lorsqu'il ne s'en sert pas. Quand il en a besoin, les crocs jaillissent, prêts à mordre.

Certains lézards tentent de faire peur à leurs ennemis en prenant une apparence effrayante. Ce lézard à collerette déploie sa collerette pour faire fuir un ennemi.

Venin injectable

Les crocs sont creux et très aiguisés. Ils fonctionnent comme l'aiguille d'une seringue. Le poison est produit dans les glandes à venin du reptile. Il passe ensuite dans ses crocs, puis dans la morsure faite à l'autre animal. Le poison de certains reptiles peut tuer leur victime alors que d'autres ne font qu'étourdir l'ennemi pour permettre au reptile de s'enfuir.

On recueille parfois le venin des serpents pour fabriquer des médicaments. Pour lui faire cracher son venin, on tient le serpent par la tête et on presse doucement ses glandes à venin. Le venin coule alors par les crocs du serpent.

Sans queue !

La plupart des lézards peuvent détacher leur queue lorsqu'elle est attrapée par un prédateur. La queue du lézard est com-posée de plusieurs os appelés vertèbres. Ces vertèbres ont des cassures qui leur permettent de se détacher. Lorsque le lézard perd sa queue, elle continue de frétiller pendant quelques minutes. Ce mouvement distrait le prédateur et laisse au lézard le temps de s'échapper. Quand la queue repousse, elle n'a pas de vertèbre. La nouvelle portion de queue n'est qu'un tube de cartilage, un tissu flexible. Pour se détacher de nouveau, la queue doit alors se briser au-dessus de la première cassure, là où il y a encore des vertèbres.

La queue de ce lézard s'est détachée. Celle qui repousse sera plus courte que la précédente.

Les serpents

Les serpents sont de longs reptiles sans pattes. Certains habitent dans des galeries souterraines, des terriers, alors que d'autres vivent sur le sol. Les serpents vivent également dans l'eau ou dans les arbres. Les plus gros serpents du monde sont l'anaconda et le python réticulé. Chacun mesure plus de 9 mètres de long. Ces serpents **compriment** leurs proies. Les serpents vers, comme le serpent aveugle Brahminy, font moins de 15 centimètres de long.

Le cobra corail, ci-dessus, est venimeux. Il utilise son poison pour se défendre et pour endormir ou tuer ses proies.

Ce boa constrictor arc-en-ciel tue ses proies en les serrant jusqu'à ce qu'elles ne puissent plus respirer.

Manger

Les dents du serpent ne servent pas à mâcher. Il les utilise pour saisir ses proies et les avaler dans son œsophage, sa gorge. Les serpents avalent leurs proies tout entières. La longueur de leur œsophage équivaut au tiers de leur taille.

Serpents venimeux

Plusieurs personnes croient que tous les serpents sont venimeux. Or, seules 800 des 2700 espèces de serpents possèdent du venin. Et seulement 250 de ces espèces sont considérées comme dangereuses pour l'homme. La plupart des serpents ne mordent que pour se protéger.

Les articulations de la mâchoire du serpent lui permettent d'ouvrir très grand sa gueule. Certains serpents peuvent même se déboîter la mâchoire pour avaler de grosses proies.

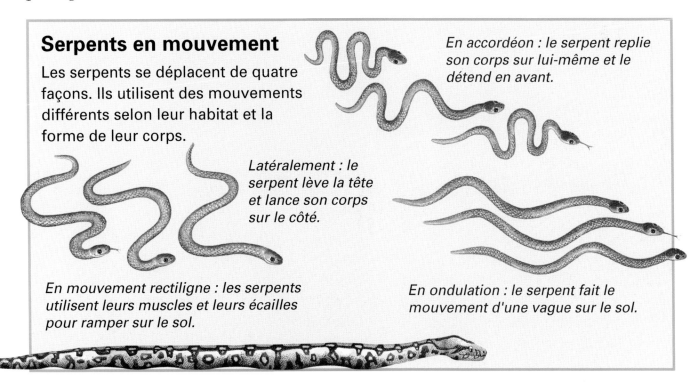

Serpents en mouvement

Les serpents se déplacent de quatre façons. Ils utilisent des mouvements différents selon leur habitat et la forme de leur corps.

En accordéon : le serpent replie son corps sur lui-même et le détend en avant.

Latéralement : le serpent lève la tête et lance son corps sur le côté.

En mouvement rectiligne : les serpents utilisent leurs muscles et leurs écailles pour ramper sur le sol.

En ondulation : le serpent fait le mouvement d'une vague sur le sol.

Les lézards

Les lézards sont des reptiles qui ont une queue et vivent principalement sur la terre. La plupart des lézards ont quatre courtes pattes, mais certaines espèces n'en ont pas du tout. Les lézards courent et bougent rapidement. Les mâles de certaines espèces ont une couleur différente des femelles pour les attirer et s'accoupler avec elles.

Petits et gros lézards

Il existe des lézards de toutes les tailles et de toutes les formes. Le gecko épineux, en haut à gauche, est l'un des plus petits lézards au monde. Le plus gros est le dragon de Komodo qui peut atteindre 3 mètres de long et peser jusqu'à 166 kilogrammes.

Les varans

Les plus gros lézards du monde, comme le dragon de Komodo ci-dessus, appartiennent au groupe des varans. Les varans ont une excellente vue et un très bon odorat. Ils peuvent déboîter leurs mâchoires pour avaler leurs proies entières. Ils sont imprévisibles et agressifs.

Les caméléons

Les caméléons sont des lézards uniques. Ils peuvent changer la couleur de leur peau et prendre des teintes de vert, de jaune, de brun et de rouge pour se confondre avec leur environnement. Cette faculté de changer de couleur les aide à se cacher des prédateurs et à guetter leurs proies.

Des yeux partout

Le caméléon a des yeux proéminents qui peuvent pivoter dans différentes directions. Un œil peut regarder devant pendant que l'autre regarde en l'air. Grâce à ses yeux pivotants, le caméléon peut attraper des insectes et surveiller les prédateurs en même temps.

En balade

Les pattes du lézard se trouvent sur les côtés de son corps. Il doit donc balancer son corps d'un côté à l'autre pour marcher et courir. Ce mouvement lui permet de bouger rapidement.

Certains lézards, comme le caméléon, ont une **queue préhensile** qui les aide à supporter le poids de leur corps. Lorsqu'ils sont dans les arbres, ils enroulent leur puissante queue autour des branches pour éviter de tomber. Des lézards comme le basilisque peuvent même courir sur leurs pattes arrière.

Le caméléon, ci-dessus, commence à changer de couleur pour se fondre dans l'environnement rocailleux.

Les chéloniens

Un chélonien est un reptile doté d'une carapace. Les tortues marines et terrestres sont des chéloniens. Ce groupe de reptiles, le plus ancien, inclut plus de 200 espèces. Les chéloniens sont généralement lents mais très forts et bien protégés par leur carapace. Bien que les tortues aient une bonne vue, les scientifiques pensent que ces reptiles utilisent plutôt leur odorat pour trouver de la nourriture ou des membres de leur groupe.

La tortue de mer a des pattes qui ressemblent à des nageoires pour avancer rapidement dans l'eau.

Similaires mais différentes

Même si elles se ressemblent, les tortues marines et terrestres ont des différences importantes. Les tortues marines vivent dans l'eau alors que les tortues terrestres vivent sur la terre. Les tortues terrestres ont une carapace épaisse et très dure qui les protège des prédateurs tandis que les tortues marines ont une carapace fine et légère qui leur permet de nager facilement.

La tortue des Galapagos a des pattes comme celles de l'éléphant, courtes, fortes et vigoureuses, pour porter sa lourde carapace sur la terre.

La carapace

Presque toutes les tortues marines et terrestres ont une carapace robuste qui leur sert de **camouflage** et de protection. Elle est constituée de plaques osseuses reliées aux côtes et à la colonne vertébrale. Une fine couche de peau, qui contient des nerfs et des vaisseaux sanguins, recouvre la carapace. Cette peau est tapissée d'écailles, des plaques de corne qui rendent la tortue très sensible au toucher. Les chéloniens ne muent pas. Avec l'âge, leur carapace devient de plus en plus grosse et épaisse.

Sa carapace dure protège cette petite tortue des prédateurs. Les écailles de carapace des chéloniens s'emboîtent comme les écailles sur le corps d'un serpent.

Les tortues molles

La tortue molle sur cette photo a une carapace différente des autres tortues marines. Sa carapace est faite d'une fine peau qui peut facilement être coupée ou abîmée. Les tortues molles ne vivent qu'en milieu aquatique. Lorsqu'elles nagent, elles sortent leur museau, qui ressemble à un tuba, hors de l'eau pour respirer. Beaucoup de gens ont des tortues molles comme animaux de compagnie.

Les crocodiliens

La plupart des gavials vivent en Inde, au Népal et au Pakistan. Ces reptiles ont un museau long et mince pour attraper les poissons.

Il y a trois types de crocodiliens : les crocodiles, les alligators et les gavials. Les crocodiliens ont des dents acérées, un long museau, un corps imposant et une queue longue et musclée pour nager. Leur corps est couvert de plaques de corne qui sont de grosses écailles. Les crocodiliens mangent des oiseaux et des poissons. Ce sont des prédateurs **nocturnes** qui ne chassent que la nuit. Dans la journée, ils se chauffent au soleil.

Crocodile ou alligator ?

Regarde ces deux photos. Sais-tu lequel est le crocodile et lequel est l'alligator ? Observe leur museau. Le caïman, à gauche, appartient à la famille des alligators. Il a un museau court en forme de *U* pour écraser ses proies. Lorsque sa gueule est fermée, on ne voit que quelques-unes de ses dents. Le crocodile, à droite, a un long museau en forme de *V*. Ce type de museau lui permet de déchiqueter la chair de ses proies. Lorsque le crocodile a la gueule fermée, on peut apercevoir deux grandes dents de sa mâchoire inférieure.

L'habitat des crocodiliens

Tous les crocodiliens vivent à la surface de l'eau, dans les marais ou les rivières calmes. On ne les trouve que dans les régions chaudes du monde où les hivers sont rarement froids. Beaucoup de crocodiliens vivent ensemble, en groupes.

(à droite) Ces crocodiles vivent dans le Nil en Égypte. Ils vivent en petits groupes. Pendant la saison des amours, les mâles se battent entre eux pour s'accoupler aux femelles crocodiles.

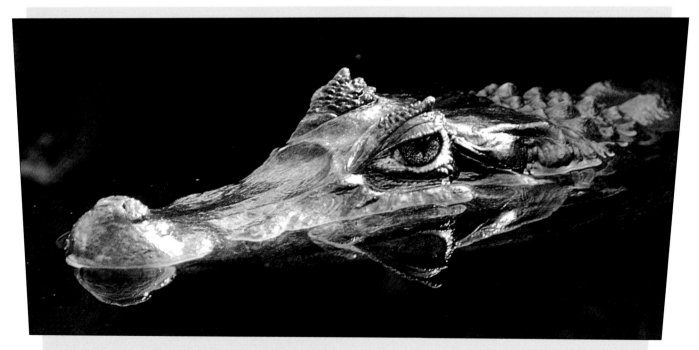

Les yeux, les narines et les orifices auditifs des crocodiliens sont placés très haut sur leur tête. Cela leur permet de voir et de respirer, bien que le reste de leur corps soit sous l'eau. Des membranes, de fines couches de peau, ferment leurs narines, leur gorge et leurs oreilles pour que l'eau n'y pénètre pas lorsqu'ils plongent.

Les tuataras

Bien que les tuataras ressemblent à des lézards, ils forment un groupe à part. Ce sont les seuls survivants d'un groupe de reptiles qui vivait il y a 200 millions d'années. Les tuataras étaient sur terre bien avant les autres reptiles et même avant les dinosaures. On les appelle souvent fossiles vivants, car ils sont identiques aux créatures qui vivaient il y a des millions d'années.

Dooouuucement

Le **métabolisme** des tuataras est plus lent que celui des autres reptiles. Ils digèrent leur nourriture et grandissent très lentement. Certains tuataras peuvent malgré tout mesurer plus de 60 centimètres et vivre plus de 120 ans.

Où vivent les tuataras ?

Pendant longtemps, les tuataras ont vécu en Nouvelle-Zélande et dans les îles avoisinantes. Les scientifiques pensent qu'ils ont survécu là durant des millions d'années, car ces lents reptiles n'y avaient pas de prédateurs. Les tuataras ont peu changé à travers le temps, puisque les conditions de l'île sur laquelle ils vivaient ne changeaient pas.

Lorsque les gens se sont installés en Nouvelle-Zélande, ils ont apporté avec eux des animaux, comme le chien ou le rat, qui ont tué ces reptiles. Rapidement, les tuataras ont disparu en Nouvelle-Zélande. Aujourd'hui, les îles au large de la Nouvelle-Zélande sont les seuls endroits au monde où l'on trouve des tuataras.

Des créatures froides

Lorsque la température s'abaisse, les tuataras sont plus actifs que les autres reptiles. Ils chassent et mangent la nuit quand l'air est plus frais. Les tuataras se nourrissent d'insectes, de petits animaux et d'œufs d'oiseaux. Pendant la chaleur du jour, ils dorment dans des terriers souterrains qu'ils partagent avec des oiseaux de mer.

Les tuataras ont des écailles, une queue et une tête qui rappellent celles des lézards. Ils ont une crête d'épines tout le long du dos et leurs dents sont les pointes aiguisées des os de leurs mâchoires qui transpercent leurs gencives.

Reptiles en danger

Comme tous les animaux, les reptiles sont une part importante de la chaîne alimentaire. Une chaîne alimentaire est un cycle dans lequel on mange et on est mangé. Les reptiles mangent des insectes et d'autres animaux pour se procurer de l'énergie. Dans le cycle, d'autres animaux se procurent de l'énergie en mangeant des reptiles.

Contrôleurs de fléaux

L'homme a besoin des reptiles. Certaines régions du monde sont infestées d'insectes qui mangent les récoltes. En se nourrissant de ces insectes, les lézards aident les humains à contrôler les populations d'insectes considérées comme des fléaux.

Le serpent des blés, ci-dessus, mange une souris. Les serpents aident à contrôler les populations de souris et de rats.

Les prédateurs des reptiles

Les reptiles sont mangés par des mammifères comme les mangoustes, les chats et les cochons. Les oiseaux de proie, comme les hiboux, les aigles et les faucons, mangent aussi des reptiles. D'autres reptiles tels que les crocodiles du Nil, les serpents rois et les varans mangent de petits reptiles. Le cobra royal ne mange que des serpents qui sont plus petits que lui. Il mange même des serpents de sa propre espèce !

La grande menace

Partout dans le monde, des populations de reptiles sont menacées par la destruction de leur habitat naturel. Ces habitats sont ravagés par la pollution humaine de l'eau et par la déforestation. Les reptiles meurent souvent après la destruction de leur environnement. Les serpents disparaissent ainsi plus vite qu'aucun autre groupe de vertébrés.

Les cousins des dinosaures

Les reptiles sont sur terre depuis environ 340 millions d'années — plus longtemps que les humains et les autres mammifères. Les dinosaures appartenaient à la famille des reptiles. Les reptiles d'aujourd'hui sont parents des dinosaures, et le crocodile est leur plus proche parent encore vivant.

Les dinosaures vivaient sur terre il y a des millions d'années. Ils se sont éteints, ils ont disparu, bien avant que l'être humain n'arrive sur terre. Il est trop tard pour sauver les dinosaures, mais on peut encore prendre soin des autres reptiles vivants.

Glossaire

camouflage La capacité de se confondre avec son milieu naturel

comprimer Serrer très fort

dent d'éclosion Une petite dent utilisée pour sortir de sa coquille

écailles Fines lamelles qui recouvrent le corps de certains reptiles

environnement Ce qui entoure une chose vivante

estiver Être dans un état inactif durant l'été

hiberner Être dans un état inactif durant l'hiver

métabolisme Le système utilisé par le corps pour transformer la nourriture en énergie

nocturne Décrit un animal qui dort le jour mais chasse et mange la nuit

plaques Des écailles dures et épaisses

prédateurs Des animaux qui chassent d'autres animaux

proies Des animaux qui sont chassés et mangés par d'autres animaux

queue préhensile Une queue qui peut s'enrouler autour des objets

s'accoupler Se reproduire, faire des bébés

sang chaud Décrit un animal dont la température du corps reste la même quelle que soit celle de son environnement

sang froid Décrit les animaux dont la température du corps change avec celle de leur environnement

tempéré Décrit un climat qui n'est ni trop chaud ni trop froid

terrier Un tunnel ou un trou creusé par un animal

tropical Décrit un climat chaud et humide

vertébré Un animal ayant une colonne vertébrale

Index